Hallo Leute!

"Im Schein der Laterne" lautet der Titel dieses Buches. Scheinbar unerschöpflich ist auch die Vielseitigkeit der Fenstermalfarben. Für Windlichter und andere leuchtende Einfälle ist sie jedenfalls wie geschaffen.

Da man die verschiedensten Papiersorten und Materialien hervorragend mit den transparenten Farben kombinieren kann, ergeben sich besonders abwechslungsreiche und witzige "Lichtträger".

In diesem Scheine
Viel Spaß beim Martinsumzug
wünschen

Sandy
&
Ralfi

Vielseidig Verlag

Material, Tips und Tricks

Windradfolie

Wichtigstes Material bei unseren Laternen. Diese 0,4 mm starke Folie gibt es im Fachhandel und ist inzwischen ein fester Bestandteil im Glasmalprogramm. Den Windlichtern gibt sie genügend Stabilität und läßt das Licht durchscheinen. Stärkere Folien gibt es manchmal auch als Meterware. Für Laternen mit einem Boden von D = 20 cm benötigt man 65 cm Folie als Umfang incl. 2 cm Klebefläche.

Window-Color

Damit werden die Motive, vorwiegend Figuren, auf die Windradfolie gemalt. Anders als bei der Spezialfolie kann die Farbe hier nicht wieder abgezogen werden!

Diverse Papiere

sorgen für Abwechslung bei den Laternen. Meistens verwenden wir Wellpappe, da diese sich schön formen läßt. Alternativ stehen z.B. Tonkarton, Naturpapier, Glanzkarton etc. zu Verfügung.

Werkzeug

Sie benötigen Schere, Bastelmesser (Cutter), Heißklebepistole, Stanzeisen oder Lochzange, evtl. Kreisschneider.

Das Basteln der Laternen

Boden

Für manche Laternen können Sie Käseschachteln bzw. die erhältlichen Laternenböden (D = 15 cm) verwenden. Allerdings kann man diese auch schnell selbst basteln. Auf dem Vorlageboden haben diese Böden, egal welche Form, immer außen noch mal einen ca. 1,5 cm Rand. Dieser wird entlang der Linie hoch geknickt. Vorher mit dem Cutter leicht einschneiden, das gibt eine geradlinige Falz. So entsteht die Klebefläche für den Korpus (Laternenwand). Bei runden Böden müssen Sie kleine Ecken in die Klebefläche einschneiden, sonst läßt diese sich nicht hoch klappen. Das beste Material für die Böden ist Tonkarton. Meistens haben wir diesen anschließend noch mit Wellpappe verstärkt (ohne Klebefläche!)

Formlaternen z.B. Seepferdchen

Bei diesen Laternen erhält der Korpus die Form des Motives. Aus Tonkarton schneiden Sie einen Rand von ca. 2,5 cm. Die Windradfolie hat die gleiche Form ist aber etwas kleiner und reicht ungefähr in die Mitte des Randes. An diese Kante kleben Sie nun den Wellpappestreifen Stück für Stück mit Heißleim an. Oben bleibt eine Öffnung für das elektrische Licht.

Hängebügel

gibt es fertig zu kaufen. Manchmal haben wir diese mit Moosgummischlauch überzogen. Die Enden werden etwas umgebogen und in die eingestanzten Löcher der Laterne gesteckt.

Igellaterne

Hier haben wir die Bügel selbst aus Blumenbindedraht gebogen. Hierzu nehmen Sie zwei Stücke Draht (80 cm, 30 cm), knicken diese jeweils in der Hälfte und drehen sie ein. Den längeren an den Enden einkleben und in der Mitte eine Schlaufe biegen. Den kürzeren in die übriggebliebene Ecke leimen, das andere Ende um die Schlaufe wickeln. Achten Sie darauf, daß die Schlaufe in der Mitte der Laterne ist.

Tip

Die großen runden Laternen verlieren beim Einkleben der starken Folie manchmal ihre Form. Ein Metallring (Floristikbedarf) schafft hier Abhilfe. Einfach in den oberen Rand einkleben!

Tips für das Arbeiten mit Window-Color

Generell sind die Farben untereinander mischbar. Um Orange zu erhalten malen Sie das Motiv erst mit Gelb aus, geben dann ein wenig Rot dazu und verrühren die Farben mit der Spitze der Malflasche oder mit einem Zahnstocher. Diesen kann man auch gebrauchen um kleine Bläschen zu zerstechen. Solange die Farbe frisch ist, läßt sie sich wunderbar mit Flitter oder Transparentkügelchen verzieren. Ist die Düse der Malflasche mal verstopft, so sollten Sie diese abschrauben und innen komplett mit warmem Wasser reinigen. Zum Verdünnen der Farben (auch bei älteren eingedickten) verwenden Sie das spezielle "Fluid".

So geht's!

Zum Übertragen gibt es die Möglichkeit gleich auf die Windradfolie zu malen, besser ist aber erst auf Spezialfolie und dann auf die fertige Laterne aufzuziehen. Legen Sie die Folie über die Motivvorlage und fixieren diese etwas mit Klebestreifen.

Wenn Sie nun das Konturenmittel auftragen, halten Sie die Flasche knapp über die Folie. Mit gleichmäßigem Druck die Farbe herauslaufen lassen. Achten Sie darauf, daß die Kontur überall geschlossen ist, vor allem, wenn Sie das Motiv abziehen müssen (Spezialfolie).

Nach ca. 3 Stunden sollte die Kontur trocken sein. Beginnen Sie nun Damit, die Felder mit Farbe zu füllen. Diese kann ruhig etwas dicker aufgemalt werden, so reißt das Motiv nicht beim Abziehen. Kleine Blasen zerstechen und nach Wunsch mit Flimmer und Transparentkügelchen verzieren. Ca. 24 Std. trocknen lassen! Jetzt kann das Bild abgezogen (Spezialfolie) oder ausgeschnitten (Windradfolie) werden.

Kuno der Kater

Fenstermalfarbe:	Kontur Schwarz, Goldgelb, Signalrot, Pink, Schwarz, Schneeweiß Rote Transparentkügelchen Perlmuttflimmer
Material:	Wellpappe Schwarz Moosgummi 2mm, Weiß Tonkarton (Ovaler Boden)

Kuno ist der erste Kater bei dem nicht nur die Augen im Dunkeln leuchten!

Beginnen Sie mit dem Malen des Katerkopfes und den seitlichen Streifen. In die Augen wird etwas Perlmuttflimmer, in die Nase die Transparentkügelchen gestreut.

Nun fertigen Sie den ovalen Boden nach der Vorlage . In den äußeren Rand werden kleine Ecken geschnitten, so entstehen Laschen, die hoch geklappt werden. Daran kleben Sie die schwarze Wellpappe (h = 20 cm, U = 65 cm incl. 2 cm Klebefläche) fest, nachdem die Kopfform und die seitlichen Streifen ausgeschnitten wurden. Auf die gleiche Größe fertigen Sie nun die Windradfolie. In deren Mitte wird nun der gemalte Kopf und die Streifen aufgezogen. Zur besseren Stabilität kleben Sie in die Oberkante noch einen Wellpappestreifen mit einem Loch in der Mitte zum Einfädeln des elektrischen Lichtes (siehe Vorlagebogen). Um auch den Boden etwas fester zu machen, das Oval (ohne Laschenrand) nochmals in Wellpappe ausschneiden und einkleben.

Karlchen Käfer

Fenstermalfarbe:	Kontur Schwarz, Haut, Kirschrot, Schwarz, Frost Dunkelgrau, Orange Perlmuttflimmer
Material:	Marienkäfer-Tonkarton Biegeplüsch Schwarz 2 rote Moosgummikugeln 2 cm Wellpappe (Bodenverstärkung)

Karlchen ist eine der leichter zu bastelnden Laternen, trotzdem ist er besonders putzig!

Malen Sie zu Beginn das kleine Käferlein auf. Die frostfarbenen Flügel werden etwas mit Dunkelgrau schattiert, anschließend mit Perlmuttflimmer ein wunderschöner Glitzereffekt eingestreut. Der runde Boden hat einen Durchmesser von 20 cm plus ca. 1 cm Kleberand. Aus dem Korpus schneiden Sie die zwei Herzen aus und umkleben den Boden. Diesen können Sie mit Wellpappe etwas verstärken! Jetzt die starke Folie einkleben und Karlchen aufsetzen. Links und rechts von den Herzen ein Loch einstechen und Laternenbügel einhängen. Diesen umwickeln Sie mit dem Biegeplüsch und fixieren ihn oben etwas mit Heißleim. Auf die Fühlerenden die Moosgummikugeln stecken.

- Käferchen flieg!!! -

Rummpel die Raupe

Fenstermalfarbe: Kontur Schwarz, Maigrün, Moosgrün, Rehbraun, Kirschrot, Goldgelb, Orange, Glitzer-Diamantblau, Schneeweiß, Schwarz
Rote Transparentkügelchen
Perlmuttflimmer

Wenn die kleine grüne Raupe unterwegs ist dann rumpelt's gewaltig im Apfel. Daher kommt auch ihr komischer Name!

Rummpel ist das kleinste und einfachste Motiv im Buch. Als Teelicht auf einem bunt geschmückten Tisch oder als leuchtender Punkt im Regal entfaltet das kleine Krabbeltier seine ganze Schönheit. Malen Sie die Raupe direkt auf Windradfolie, beachten Sie dabei aber daß hinten noch der Teelichthalter dransitzt (siehe Vorlagebogen). In Rummpels maigrünem Kopf einige moosgrüne Punkte in die frische Farbe geben. Das Blatt Rehbraun in Moosgrün verlaufen lassen, darauf etwas Perlmuttflimmer geben.

Den Apfel schattieren Sie etwas mit Schwarz und Goldgelb, streuen darüber die Transparentkügelchen. Über Nacht trocknen lassen, dann nach Vorlage ausschneiden, einritzen und Laschen hinten ankleben. Das Teelicht aufsetzen, dieses dient auch als Gewicht!

TIP: Um das Teelicht (Kerze) haben wir noch einen Streifen Wellpappe geklebt

TIP 2: Besonders Effektvoll ist das Tischlicht wenn Sie eine Duftkerze mit "Grünem Apfel" dahintersetzen!

Ein Besucher aus dem All

Fenstermalfarbe: Kontur Schwarz, Nachtleuchtend Gelb, Schwarz, Rot

Material: Tonkarton Silber matt, Schwarz
Wellpappe Silber glänzend, Schwarz
Styroporhalbkugel 15 cm (evtl. durchschneiden)
Bastelfarbe (Acryl) Silber
Ziehfeder 15 mm
Schwarzer Moorgummi ca. 3 mm

“Die Wahrheit ist irgendwo da draußen ...”, dachte sich das kleine leuchtende Wesen und steuerte sein Raumschiff direkt auf die Erde. Ob es diese hier findet...?

Das UFO zu basteln ist keine übergalaktische Aufgabe wie manch Erdenwurm das wohl vermutet. Vorab sollten Sie den kleinen Besucher in Farbe verewigen. Als Boden dient ein Kreis mit D = 29 cm aus schwarzer Wellpappe. Diesen legen Sie mit der Welle nach unten auf den Tisch, darüber wird der schwarze Rand (6,5 cm) mit der Welle nach oben und gegen die untere Wellenrichtung aufgeklebt. In die Mitte den Cockpit-Boden (Tonkarton Silber, D = 16 cm) anbringen. Die “Glaskuppel” und UFO-Seitenteile kreisförmig mit Heißkleber befestigen.

Mit der Metallic-Welle verzieren Sie nun den UFO-Rand und schneiden die Füsse sowie die runden Fensterrahmen aus. Die Füsse mit Moosgummi verstärken. In die bemalte Halbkugel werden die langgezogenen Ziehfeder-Stücke eingesteckt, an deren Enden die Füsse. Zum Schluß die schwarz-silbernen Antennen ankleben und das leuchtende Wesen aufkleben.

TIP: Manches erkennt man erst richtig wenn es dunkel ist!

Frisch wie ein Fisch

Fenstermalfarbe: Kontur Schwarz, Blau, Royalblau, Sonnengelb, Pink, Glitzergrün, Schwarz, Schneeweiß
Blaue und rote Transparentkügelchen
Perlmuttflimmer

Material: Regenbogentonkarton
Wellpappe orange
Moosgummischlauch gelb

Diese erfrischend bunte Laterne benötigt etwas Geduld, da der Korpus der Form des Fisches angepasst ist.

Beginnen Sie mit den Fenstermalfarben. Die große Schwanzflosse wird mit Blau gemalt, außen etwas mit Royalblau in spiralförmigen Bewegungen einschattiert. In das Blau werden die blauen, in die Rückenflosse die roten Transparentkügelchen gestreut. Den Perlmuttflimmer verteilen Sie im gelben Auge, im Körper sowie auf der Rückenflosse.

Nun nach der Vorlage den Regenbogenrand ausschneiden und die Windradfolie aufkleben. Entlang der Folienkante den Wellpappestreifen (98 cm x 10 cm) mit Heißleim Stück für Stück anbringen. Den Laternenbügel ummandeln Sie mit dem Moosgummischlauch und biegen an den Enden kleine Haken zum Einhängen.

Die Igelfamilie

Fenstermalfarbe: Kontur Schwarz, Rehbraun, Haut, Orange, Schneeweiß, Kirschrot, Olivgrün
Transparentkügelchen kristall

Material: Naturpapier
Blumenbindedraht geglüht
Tonkarton braun

Wer es nicht so bunt mag, ist bei der Igelfamilie gut aufgehoben. Die drei Stacheltiere sind schnell gemalt. Auf die Rücken streuen Sie jeweils die Transparentkügelchen. Weiter geht es mit dem dreieckigen Boden. An die Klebeflächen jeweils ein Windradfolien-Seitenteil anbringen, diese dann aneinanderkleben.

Die "Höhlen" in den Naturpapier-Seitenteilen werden eingerissen. Das sieht sehr natürlich aus! Mit den Papierresten legen Sie innen den Boden aus. Der Bügel wird mit gedrehtem Draht aus zwei Stücken angeleimt (siehe Skizze Seite 3).

Herr Tausendfuß

Fenstermalfarbe: Kontur Schwarz, Maigrün, Goldgelb, Orange, Rubinrot, Pink, Glitzerviolett, Diamantblau, Royalblau, Türkis, Glitzergrün, Moosgrün, Schneeweiß, Schwarz
Perlmuttflimmer

Material: Regenbogenwellpappe
3D-Wellpappe grün
Moosgummischlauch grün
Tonkarton grün

Dieser kleine Krabbelmann hat nicht nur tausend Füsse, sondern auch sehr viele Farben. Malen Sie die Körperkreise in regenbogenartigen Farbtönen an. In feuchtem Zustand den Flitter einstreuen.

Für den Boden können Sie eine übliche Käseschachtel (Laternenboden 15 cm) verwenden, oder ihn nach dem Vorlagebogen basteln. Zur Verstärkung und weil es schöner aussieht einen Kreis aus der 3D-Welle einkleben. Um den Laternenboden und den Rand jeweils die in wellenform geschnittene Regenbogenwelle aufkleben.

Den Laternenbügel mit Moosgummischlauch überziehen und einstecken. Zum Schluß den Tausendfüßler ringsum aufsetzen.

Bimbaya der Berglöwe

Fenstermalfarbe: Kontur Schwarz, Goldgelb, Bernstein, Orange,
Rehbraun,
Dunkelgrau, Schneeweiß, Kirschrot
Transparentkügelchen kristall

Material: Tonkarton hellbraun
Wellpappe gelb
Moosgummi Grau, Hellbraun, Olivgrün, Beige
Metallring 20 cm
evtl. Buntstifte Ocker, Rotbraun, Dunkelbraun

Bimbaya ist in den Bergen zuhause. Da muß man natürlich gut klettern können! Was Sie gut können müssen, ist Basteln.

Geben Sie dem kleinen Löwen zuerst Farbe. Die Mähne mit Bernstein anlegen, von außen nach innen mit Rehbraun etwas einschattiern. Unterhalb der Nasenspitze den Mund mit Rot andeuten. Auf der rechten Seite des Körpers ein paar Transparentkügelchen einstreuen. Das Bergmassiv besteht aus einem Teil (2x aneinander gesetzt übertragen). Schneiden Sie die Höhlen mit dem Cutter aus. In den runden Boden einen Kreis aus Wellpappe setzen.

Jetzt werden die Berge mit den Moosgummisteinen und -gras verziert. Wenn Sie möchten können Sie mit Buntstiften die Felsen etwas plastischer gestalten. Jetzt kann der kleine Löwe einziehen!

TIP: Um die Laterne in der Form zu halten einen Metallring in den Rand einkleben.

Sigourney Seepferd

Fenstermalfarben: Kontur Schwarz, Türkis, Pink, Glitzerblau, Goldgelb, Orange, Glitzergrün, Schneeweiß
Perlmuttflimmer
Transparentkügelchen blau

Material: Wellpappe blau
Tonkarton hellblau

In den Tiefen des Ozeans wohnt Sigourney Seepferd. Um ihn zu treffen darf man nicht wasserscheu sein und sollte gut tauchen können!

Wem diese maritime Laterne zusagt dem sollte etwas Geduld geschenkt sein. Zuerst tauchen Sie in die Welt der Farben und erwecken den lustigen Meeresbewohner zum Leben. Die gelbe Flosse etwas mit Orange einschattieren. Auf den Körper den Flimmer und die Transparentperlen verteilen. Für das Innere des hellblauen Rahmens verwenden Sie den Cutter.

Auf den fertigen Rahmen die Windradfolie aufkleben. Der Kante entlang den Wellpappestreifen (75 x 10 cm) Stück für Stück mit Heißleim befestigen (siehe Skizze Seite 3).

Verrückter Frosch

Fenstermalfarben:	Kontur Schwarz, Maigrün, Pink, Sonnengelb, Schneeweiß Transparentkügelchen grün Goldener Flitterstern
Material:	Käseschachtel (Laternenboden) oder Tonkarton gelb Wellpappe gelb und pink

“Quaaak”, hallt es vom alten Tümpel hinterm Haus. Der grüne Hüpfer hat sich doch tatsächlich in die kleine Susi verliebt. Ständig folgt er ihr mit riesen Sprüngen. Sogar ein Sternchen hat er sich auf seinen Zahn kleben lassen um ihr zu imponieren. Wer weiß, vielleicht küsst sie ihn ja eines Tages und ein netter Jüngling steht vor ihr!

Streuen Sie ein paar Transparentkügelchen auf die feuchte Farbe. Das kleine Sternchen ist für den Zahn gedacht. Die grünen Wimpern müssen Sie einzeln aufsetzen. In den Laternenboden einen pinkfarbenen Kreis einkleben. Den Rand und den Boden mit Wellpappestreifen (49 x 2,5 cm) umrahmen.

Rasmus Raupe

Fenstermalfarbe: Kontur Schwarz, Maigrün, Goldgelb, Kirschrot, Schwarz,
Schneeweiß, Orange
Transparentkügelchen grün
Perlmuttflimmer

Material: Tonkarton grasgrün
Wellpappe grün
Moosgummischlauch grün
evtl. Buntstifte hell- und dunkelgrün

Wer hat denn da schon wieder ein Loch ins Blatt gefressen? War ja klar, daß dafür nur der gefräßige Rasmus in Frage kommt!

Im Gegensatz zum Seepferdchen oder dem Fisch ist die Raupe einfacher zu basteln, da die Wellpappe nur im Bogen angeklebt wird. Malen Sie zuerst Rasmus fertig. In die Augen etwas Flimmer streuen, den grünen Körper mit den Transparentperlen auflockern. Das Loch im Blatt mit dem Cutter "ausbeißen".

Auf Wunsch können Sie das Blatt noch etwas mit Buntstiften verzieren. Kleben Sie jetzt die Windradfolie auf und setzen den Wellpappestreifen (54 x 10 cm) mit Heißleim an.

Zum Schluß den Laternenbügel mit Moosgummischlauch überziehen und einhängen.

Schloß "Geist"

Fenstermalfarbe: Kontur Schwarz, Schneeweiß, Schwarz, Kirschrot, Maigrün, Goldgelb, Bernstein, Dunkelgrau
Perlmuttflimmer

Material: Tonkarton Silber matt, Hellbraun, Schwarz
Moosgummi Olivgrün 2mm
Moosgummi Rot, Weiß 1mm
Zahnstocher
Wellpappe Schwarz oder Tonkarton Schwarz
Wellpappe Weiß
evtl. Buntstifte Schwarz, Ocker, Rot- und Dunkelbraun

Auf Schloß "Geist" soll es ja mächtig spuken, sagt man. Daher hat das einstige stolze Anwesen auch seinen unmissverständlichen Namen.

Zuerst hauchen Sie den fliegenden Bettlaken Leben ein. Mit Perlmuttflimmer für Glitzereffekte sorgen. Die weißen Augenpunkte nach dem Trocknen der Gespenster auftragen. Das Schloß ausschneiden, für die durchbrochenen Wände, Fenster und Steine einen Cutter verwenden. Bevor Sie die Windradfolie einkleben, malen Sie die Farbe für das Fenster und die Steine auf. Die Katze aus Tonkarton ausschneiden und ein Stückchen Folie hinterkleben, diese mit Maigrün bemalen. Die Dächer werden beiseitig aufgesetzt, die Fahne (Zahnstocher schwarz bemalt) dazwischengesteckt.

Mit längsgeschnittenen Wellen haben wir die Gitterstäbe gemacht, es geht aber auch mit Tonkarton. Wenn Sie wollen können Sie das Schloßgemäuer mit Buntstiften noch etwas verwahrloster aussehen lassen.

Coole Typen

Fenstermalfarbe: Kontur Schwarz, Schneeweiß, Glitzerviolett,
Sonnengelb,
Goldgelb, Orange, Schwarz
Perlmuttflimmer
Transparentkügelchen Rot und Blau
Flittersternchen Gold
Goldflimmer

Material: Wellpappe Weiß
Biegeplüsch Weiß
Tonkarton Weiß
Pompon Weiß mit Silberfäden d = 25 mm

Diese eckige Laterne ist auch hervorragend als winterliche Tischdeko geeignet.

Zuerst die Schneemänner bemalen, in das Weiß etwas Perlmuttflimmer geben. Den Schal und die Halskrause mit den Transparentkügelchen verzieren. Der Schneemann mit Hut bekommt noch Goldflimmer in die Augen, und Sternchen auf Zahn und Bauchstern.

Den Boden aus Tonkarton fertigen und mit Wellpappe verstärken. Löcher und Kreise mit dem Cutter und dem Kreisschneider aussparen. Zum Aufhängen dient der Biegeplüsch, der diagonal eingeklebt wird. Um das Kreuz eine Schlaufe drehen und den Pompon ankleben.

Vielseidig Verlag

Weitere Bücher mit Window-Color

Hexen, Herbst & Halloween
Gespenstisch schöne Motive mit Window Color
Heft 14x20 cm
ISBN 3-930529-54-8

Leuchtende Weihnacht
Bezaubernde Motive zum Fest & für kalte Wintertage mit Window-Color
Heft 15x20 cm
ISBN 3-930529-53-X

Laubanger 19b 96052 Bamberg **Vielseidig Verlag** GmbH Tel. 0951/ 6 89 97 Fax. 0951/ 60 32 99